To order additional copies of this book, contact:
Xlibris Corporation
0800-891-366
www.xlibris.co.nz
Orders@ Xlibris.co.nz

flower

flor

red

vermelho

car

carro

blue

azul

duck

pato

yellow

amarelo

apple

maçã

green

verde

balloon

balão

orange

laranja

pig

porco

pink

rosa

one chair

1

uma cadeira

two shoes

2

dois sapatos

three balls

3

três bolas

four cups

4

quatro copos

five dogs

5

cinco cachorros

six cats

6

seis gatos

seven oranges

7

sete laranjas

eight fish

8

oito peixes

nine stars

nove estrelas

ten fingers

10

dez dedos